Michael Lang

Marktsegmentierung im IT-Bereich

Grundlagen - Methoden - Anwendung - Kritische Bewertung

GRIN - Verlag für akademische Texte

Der GRIN Verlag mit Sitz in München hat sich seit der Gründung im Jahr 1998 auf die Veröffentlichung akademischer Texte spezialisiert.

Die Verlagswebseite www.grin.com ist für Studenten, Hochschullehrer und andere Akademiker die ideale Plattform, ihre Fachtexte, Studienarbeiten, Abschlussarbeiten oder Dissertationen einem breiten Publikum zu präsentieren.

Dokument Nr. V182037 aus dem GRIN Verlagsprogramm

Michael Lang

Marktsegmentierung im IT-Bereich

Grundlagen - Methoden - Anwendung - Kritische Bewertung

GRIN Verlag

Bibliografische Information der Deutschen Nationalbibliothek: Die Deutsche Bibliothek
verzeichnet diese Publikation in der Deutschen Nationalbibliografie; detaillierte bibliografische Daten sind im Internet über http://dnb.d-nb.de/ abrufbar.

1. Auflage 2011
Copyright © 2011 GRIN Verlag GmbH
http://www.grin.com
Druck und Bindung: Books on Demand GmbH, Norderstedt Germany
ISBN 978-3-656-05477-1

Marktsegmentierung im IT-Bereich

Grundlagen - Methoden - Anwendung
Kritische Bewertung

Assignment
in dem Modul
Marktpositionierung von
IT-Unternehmen
an den
AKAD Privat-Hochschulen

vorgelegt von
Michael Lang

aus Neu-Ulm/ Pfuhl

Neu-Ulm, September 2011

Inhaltsverzeichnis

Abbildungsverzeichnis

Abkürzungsverzeichnis

AHP	Analytical Hierarchy Process
AMA	American Marketing Association
CAD	Computer-Aided Design
GmbH	Gemeinschaft mit beschränkter Haftung
IT	Informationstechnology
KMU	Kleine und mittlere Unternehmen
NWA	Nutzwertanalyse
PLM	Product Lifecycle Management
SCM	Supply Chain Management

Kapitel 1

Einführung

"Markets are not homogeneous.

A company cannot connect with all customers in large, broad or diverse markets.

Therefore it needs to identify which market segments it can serve effectively."

(Kotler & Keller, 2005, S. 239)

Mit dieser Einleitung stellen die beiden Autoren die Wichtigkeit der *Marktsegmentierung* für die konsequente Ausrichtung des Unternehmens an den Kunden heraus. Der Einstieg in ein neues Geschäftsfeld ist ohne Kenntnis über die Eigenheiten des Marktes nicht möglich. Die *Marktsegmentierung* soll deshalb helfen einen Markt in sinnvolle Teilmärkte zu unterteilen um diese separat zu bearbeiten. Sie schafft letztendlich die Basis für eine angepasste *Marktbearbeitung* mithilfe absatzpolitischer Instrumente (Pepels, 2007, S. 9). Nach einer Studie von *Techconsult* ist vor allem der Mittelstand für IT[1]-Anbieter schwierig als *Markt* zu fassen. Mittelständische Unternehmen erwarten IT-Lösungen, die an ihre Bedürfnisse angepasst sind. Eine reine Wiederverwendung von Lösungen für Großunternehmen wird nicht akzeptiert (Wolff, 2007). Angesichts dieser Tatsache fragen sich viele IT-Unternehmen wie sie ihre aktuellen und potenziellen Mittelstandskunden am besten zufrieden stellen können.

Nach Aussage des Beratungsunternehmens *Techconsult* müssen IT-Anbieter vor allem verstehen, dass eine *Marktsegmentierung* und eine *zielgruppenorientierte Ansprache* zum Erfolg in diesem differenzierten Markt führen (Wolff, 2007).

Es stellt sich jedoch die Frage, wie kann man mithilfe der *Marktsegmentierung* im Mittelstand die richtige Zielgruppe finden und seine Marktnische erfolgreich besetzen? Um diese Frage zu beantworten werden im Rahmen dieser Arbeit zu Beginn im Kapitel 2 die Begriffe *Marketing*, *Marktsegmentierung* und *Marketing-Mix* definiert. Im Kapitel 3 wird anschließend die Rolle der *Marktsegmentierung* in die *Unternehmensgründung* eingeordnet, bevor ab Abschnitt 3.2 eine exemplarische *Marktsegmentierung* in der Fallstudie *LernIT*

---

[1]Informationstechnologie

1

GmbH durchgeführt wird. Im Abschnitt 3.3 werden zwei Ansätze der *Marktsegmentie-rung* für die *LernIT GmbH* vorgestellt. Im darauffolgenden Abschnitt werden die beiden Lösungsvorschläge anhand eines mehrdimensionalen Bewertungsverfahren evaluiert und Empfehlungen für einen entsprechenden *Marketing-Mix* abgeleitet. Im Kapitel 4 werden die Vorteile sowie die methodischen Probleme eines mehrdimensionalen Bewertungsver-fahrens zur Auswahl eines *Marktsegmentierungs*-Konzepts diskutiert. Zum Schluss werden im Kapitel 5 die wichtigsten Erkenntnisse zusammengefasst und ein Ausblick gegeben.

Kapitel 2

Grundlagen des Marketings

In den ersten beiden Abschnitten wird ein Überblick über das *Konzept* des *Marketings* und der *Marktsegmentierung* gegeben. Darauf aufbauend wird im Abschnitt 2.4 ein schrittweises Vorgehen zur Entwicklung eines *Marketing-Mix* vorgestellt und im Abschnitt 2.5 die Vorteile sowie die methodischen Probleme der *Marktsegmentierung* diskutiert.

2.1 Marketing-Konzept

Der Begriff *Marketing* lässt sich anhand der *American Marketing Association (AMA)* folgendermaßen definieren:

"Marketing is the activity, set of institutions and processes for creating, communicating, delivering and exchanging offerings that have value for customers, clients, partners and society at large." (AMA, 2007)

Abbildung 2.1: Marketing als duales Führungskonzept (Meffert et al., 2007, S. 13)

Anhand dieser Definition wird *Marketing* als ein marktorientiertes Führungskonzept verstanden, das sowohl eine funktionsbezogene als auch eine funktionsübergreifende Aufgabe besitzt. In diesem Zusammenhang kann *Marketing* als ein *duales Führungssystem* aufgefasst werden, das aus folgenden Elementen besteht (Abbildung 2.1):

1. **Leitbild des Managements:** Zum einen steht *Marketing* als Leitbild für eine marktorientierte Unternehmensführung. Nach dem *Marketing*-Konzept soll das gesamte Unternehmen auf die Bedürfnisse aktueller und potenzieller Kunden ausgerichtet werden (Meffert et al., 2007, S. 13).

2. **Gleichberechtigte Unternehmensfunktion:** Zum anderen wird *Marketing* als eine gleichberechtigte Funktion innerhalb der Unternehmensorganisation eingeordnet. Innerhalb der *Marketingabteilung* werden spezifische Kernkompetenzen wie *Markenführung*, *Marktforschung* und *Kundenbindung* entwickelt, die zum Unternehmenserfolg beitragen sollen (Meffert et al., 2007, S. 13).

2.2 Konzept der Marktsegmentierung

Der *Markt*[1] setzt sich aus einer Vielzahl von Konsumenten zusammen, die durch unterschiedliche Bedürfnisse gekennzeichnet sind. Deshalb ist es notwendig Märkte mithilfe bestimmter Merkmale in homogene Teilmärkte zu unterteilen um diese jeweils mit differenzierten Leistungsangeboten zu befriedigen (Benkenstein, 2001). Dieser Prozess wird seit seiner ersten Nennung durch Smith im Jahr 1956 als *Geschäftsfeldwahl* oder *Marktsegmentierung* bezeichnet und im Folgenden erläutert (Quinn, 2009) (Abbildung 2.2).

Abbildung 2.2: Komponenten der Marktsegmentierung (Meffert et al., 2007, S. 184)

---

[1]Ein Markt umfasst alle Produkte, die vom Verwender als subjektiv austauschbar angesehen werden (Meffert et al., 2007).

4

„Unter Marktsegmentierung wird die Aufteilung eines Marktes in bezüglich ihrer Mark-treaktion intern homogene und untereinander heterogene Untergruppen namens Markt-segmente sowie die Bearbeitung eines oder mehrere dieser Marktsegmente verstanden."
(Meffert et al., 2007, S. 182)

Die *Marktsegmentierung* stellt demnach ein integriertes Konzept des *Marketings* dar, das sich aus den beiden Komponenten *Markterfassung* und *Marktbearbeitung* zusammensetzt (Meffert et al., 2007, S. 183) (Abbildung A.1).

- **Markterfassung:** Im Rahmen der *Markterfassung* findet zu Beginn eine Abgrenzung des relevanten *Marktes* statt, bevor dieser in einem weiteren Schritt anhand von *Kriterien* in *Marktsegmente* unterteilt wird (Meffert et al., 2007, S. 189).

- **Marktbearbeitung:** Die *Marktbearbeitung* ist zum einen für die Auswahl der *Zielsegmente* verantwortlich. Zum anderen werden in der *Marktbearbeitung* die unterschiedlichen Strategien der *Segmentabdeckung* und die Ausgestaltung segmentspezifischer *Marketing-Mix*-Programme festgelegt (Meffert et al., 2007, S. 184).

Kriterien zur Marktsegmentierung

Die Anzahl potenzieller Kriterien für eine *Marktsegmentierung* ist sehr groß. Neben relativ leicht bestimmbaren *demografischen Faktoren* können weitere Kriterien aus dem *Nutzungsverhalten* und den *Kundenpräferenzen* abgeleitet werden. Darüber hinaus besteht ein signifikanter Unterschied zwischen den Abgrenzungskriterien für *Konsumgüter-* und *Investitionsgütermärkte* (Recklies, 2001). Aus diesem Grund sind die wichtigsten Segmentierungsvariablen in der Abbildung 2.3 zusammengefasst:

- **Konsumgütermarkt:** Nach Pepels (2006, S. 42) lassen sich in *Konsumgütermärkten* drei Gruppen von *Abgrenzungskriterien* unterscheiden (Abbildung A.2). *Soziodemografische Kriterien* sind objektiv am besten messbar, besitzen jedoch die geringste Kaufrelevanz. Die *psychologischen Kriterien* haben hingegen die größte Kaufrelevanz, sind aber schwierig zu erheben. Die Mitte zwischen beiden Gruppen bilden die *kaufvertragsbezogenen Kriterien* bei denen ein relativ ausgeglichenes Verhältnis zwischen Kaufrelevanz und Aufwand besteht (Pepels, 2006, S. 43).

- **Investitionsgütermarkt:** Im Gegensatz zum *Konsumgütermarkt* haben beim *Investitionsgütermarkt* die *psychologischen* und *kaufvertragsbezogenen Kriterien* eine geringere Priorität. Beim *Investitionsgütermarkt* spielen vor allem Merkmale wie die *geografische Lage des Unternehmens*, die *Branche*, der *Unternehmenstyp* oder die *Unternehmensgröße* eine Rolle (Recklies, 2001).

KONSUMGÜTERMARKT	INVESTITIONSGÜTERMARKT

❏ Geografische Merkmale
  ▪ Land oder Region
  ▪ Multinationaler
    Wirtschaftsraum
❏ Demografische Merkmale
  ▪ Alter, Geschlecht,
    Familienstand
  ▪ Einkommen, Berufsgruppe,
    Bildung
❏ Psychografische Merkmale
  ▪ Sozialer Status
  ▪ Life-Style Typ
  ▪ Persönlichkeitstyp
❏ Verhaltensabhängige Merkmale
  ▪ Intensität der
    Produktnutzung
  ▪ Markenloyalität
  ▪ Nutzungsgewohnheiten
	❏ Geografische Merkmale
	  ▪ Land oder Region
	  ▪ Multinationaler
	    Wirtschaftsraum
	❏ Branche
	  ▪ Stahlindustrie
	    Automobilindustrie
	  ▪ usw.
	❏ Verarbeitungsstufe
	  ▪ Zwischenhändler
	  ▪ Zwischenverbraucher
	  ▪ Endnutzer
	❏ Unternehmenstyp
	  ▪ öffentlicher Sektor
	  ▪ Privater Sektor
	❏ Unternehmensgröße
	  ▪ klein, mittleres oder großes
	    Unternehmen
	❏ Einkaufsorganistation
	  ▪ zentral
	  ▪ dezentral

Abbildung 2.3: Kriterien für die Marktsegmentierung (Recklies, 2001)

Letztendlich ist eine zentrale Regel zum Umgang mit der Vielzahl an Kriterien die Konzentration auf möglichst wenige aussagekräftige Variablen. Aus diesem Grund soll bei der Auswahl bestimmte Anforderungen an die Kriterien gestellt werden, die in der Abbildung A.3, angelehnt an Meffert (2007, S. 190), zusammengefasst sind.

Hauptziel der Marktsegmentierung

Das Hauptziel der *Marktsegmentierung* ist ein hoher *Identitätsgrad* zwischen dem angebotenen Leistungsprofil und den Bedürfnissen der Zielgruppe zu erreichen. Die *Marktsegmentierung* dient deshalb einerseits der *Marktidentifizierung* und andererseits der besseren Befriedigung der Konsumentenbedürfnisse (Meffert et al., 2007, S 183) (Abbildung 2.4).

ANFORDERUNGSPROFIL ZIELGRUPPE	IDENTITÄT	LEISTUNGSPROFIL ANBIETER
❏ Bedürfnisse einer Gruppe von Käufern	(=)	❏ Subjektive und objektive Eigenschaften

Abbildung 2.4: Optimum von Anforderungs- und Leistungsprofil (eigene Darstellung)

2.3 Konzept des Marketing-Mix

Nachdem sich der vorangehende Abschnitt vor allem mit der Erfassung von *Marktsegmenten* beschäftigte, widmet sich dieser Abschnitt der *segmentspezifischen Marktbearbeitung*. Im Allgemeinen muss für jedes der folgenden *Produkt-/Markt-Strategien* ein spezifischer *Marketing-Mix* erarbeitet werden (Abbildung 2.5).

1. **Konzentration auf ein einziges Segment:** Ein Unternehmen konzentriert sich auf ein ganz spezifisches Produkt-Markt-Segment.

2. **Selektive Spezialisierung:** *Spartenorganisierte Unternehmen* wählen ihre selektiven Produkt-Markt-Segmente aus.

3. **Marktspezialisierung:** Die Strategie der *Diversifikation*. Ein Unternehmen spezialisiert sich auf einen bestimmten Markt, auf dem verschiedene Produkte angeboten werden. Es führt ein breites Sortiment mit vielen, nicht in Beziehung zueinander stehenden Produkten.

4. **Produktspezialisierung:** Die Strategie der *Differenzierung*. Ein Unternehmen spezialisiert sich auf mehrere verschiedene Märkte an denen immer das gleiche Produkt angeboten wird.

5. **Vollständige Marktabdeckung:** Diese Strategie beinhaltet keine *Marktsegmentierung*. Eine vollständige *Marktabdeckung* wird angestrebt, die in der Vergangenheit nur von Staatsunternehmen erreicht wurde.

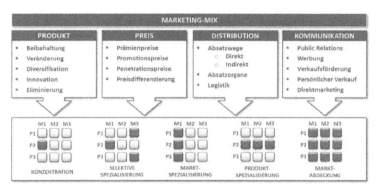

Abbildung 2.5: Erschließung von Zielsegmenten (Wittmann et al., 2007, S. 74)

Folglich muss für jedes der genannten Strategien ein segmentspezifischer *Marketing-Mix* erarbeitet werden, der sich aus *Produkt-*, *Preis-*, *Distributions-* und *Kommunikationspolitik* zusammensetzt (Wittmann, 2007, S. 73):

- **Produktpolitik:** Ziel der *Produktpolitik* ist, sich durch ein einzigartiges Angebot von dem Wettbewerb abzuheben. Eine Voraussetzung für den Erfolg ist, dass diese Einzigartigkeit für den Kunden auch von diesem von Bedeutung ist.

- **Preispolitik:** Die *Preispolitik* fokussiert sich auf die Zahlungsbereitschaft des Kunden. Grundsätzlich lassen sich dabei die beiden strategischen Grundoptionen *Abschöpfungsstrategie* und *Marktdurchdringungsstrategie* unterscheiden.

- **Distributionspolitik:** Die *Distributionspolitik* entscheidet wie die Produkte am Zielmarkt platziert werden sollen. Dies beinhaltet die Wahl der Standorte, Lagerhaltungsmethoden, Transportwege sowie die Absatzwege und Absatzorgane.

- **Kommunikationspolitik:** Die *Kommunikationspolitik* richtet auf die Botschaften, die im Zielsegment vermittelt werden sollen. Mögliche Instrumente sind dabei *Public Relations*, *Werbung*, *Verkaufsförderung* oder *Direktmarketing*.

2.4 Durchführung einer Marketing-Planung

In diesem Abschnitt wird eine Vorgehensweise zur Ausgestaltung eines segmentspezifischen *Marketing-Mix* vorgestellt, die folgende Schritte beinhaltet (Abbildung 2.6):

Abbildung 2.6: Schritte zur Ausgestaltung des Marketing-Mix (Kotler & Keller, 2005)

1. **Schritt Marktsegmentierung:** Im ersten Teilschritt wird der relevante Markt abgegrenzt. Die Marktabgrenzung kann dabei mithilfe eines *anbieter-* oder *nachfrageorientierten Ansatzes* erfolgen (Meffert et al., 2007, S. 185). Nach der Marktabgrenzung wird in einem weiteren Teilschritt der Markt mithilfe eines geeigneten *Analyseverfahrens* und *Abgrenzungskriterien* in *Marktsegmente* unterteilt.

2. **Schritt Zielmarktbestimmung** In einem zweiten Schritt werden die *Marktsegmente* aus Unternehmenssicht ökonomisch bewertet. Das Ergebnis der Evaluierung ist eine Auswahl an *Zielsegmenten*, die vom Unternehmen für die Bearbeitung als sinnvoll erachtet werden *(Market Targeting)* (Scheer, 2008, S. 54).

3. **Schritt Positionierung** Im dritten Schritt wird für jedes der ausgewählten *Marktsegmente* eine *Positionierungsstrategie* ermittelt, mit dessen Hilfe die Vorzüge des für das jeweilige Segment anzubietende Produkt herausgestellt wird *(Market Positioning)* (Freter, 2008, S. 219).

4. **Schritt Marketingplanung** Im letzten Schritt des Prozesses steht schließlich die Umsetzung der *Positionierungsstrategie* durch eine segmentspezifische Ausgestaltung des *Marketing-Mix* (Scheer, 2008, S. 55.)

2.5 Kritische Diskussion zur Marktsegmentierung

Die vorherigen Abschnitte befassten sich mit der *Marktsegmentierung* und dessen Rolle bei der Erstellung eines segmentspezifischen *Marketing-Mix*. Im folgenden Abschnitt werden die wichtigsten Vorteile sowie Grenzen der *Marktsegmentierung* diskutiert.

Vorteile der Marktsegmentierung

1. **Konsumentenrendite:** Die *Konsumentenrendite* kann konsequent abgeschöpft und gleichzeitig eine hohe Bedürfnisbefriedigung auf der Nachfrageseite erreicht werden (Pepels, 2006, S. 37).

2. **Prognose der Marktentwicklung:** Auf Basis der für die *Marktsegmentierung* notwendige Marktbeobachtung können zusätzlich frühzeitig Prognosemöglichkeiten über die Marktentwicklung abgeleitet werden (Recklies, 2001).

3. **Marketing-Budgets:** Die Aufteilung des Marketing-Budgets kann bei Kenntnis der unterschiedlichen Abnehmerreaktionen auf bestimmte *Marketing-Mix*-Instrumente effizienter vorgenommen werden (Hofbauer, 2007).

4. **Stimulation von Innovation:** Die Konzentration auf Teilmärkte mit speziellen Bedürfnissen stärkt die Innovationskraft des Unternehmens, weil es durch die wechselnden Kundenwünsche seine Produkte ständig anpassen muss (Recklies, 2001).

5. **Zielerreichungsgrad:** Die Marktsegmentierung ermöglicht eine präzisere Formulierung von Marketing-Zielen und präzisere Kontrollmöglichkeit der Zielerreichung (Hofbauer, 2007).

6. **Vermeidung von Kannibalisierungseffekte:** Für Unternehmen mit mehreren Produkten bietet die differenzierte Bedienung von Teilmärkten die Möglichkeit *Kannibalisierungseffekte*[2] zu vermeiden. Es werden nur heterogene Zielgruppen mit daran angepassten Produkten befriedigt (Pepels, 2006, S. 38).

7. **Unternehmensbindung:** Mittels eines segmentorientierten *Marketing-Mix* ist es leichter möglich, Abnehmerpräferenzen abzubilden, die Nachfrage zu lenken und Kunden dauerhaft an das Unternehmen zu binden (Hofbauer, 2007).

Grenzen der Marktsegmentierung

1. **Erklärung des Käuferverhaltens:** Die Marktsegmentierung soll Segmente bilden, die homogen auf den Einsatz von Marketing-Instrumenten reagieren. Es ist jedoch fraglich, ob die Vielzahl von Segmentierungskriterien, die sich auf Reaktionsparameter beziehen, zu homogenen Segmenten führen kann (Freter, 2008, S. 433).

2. **Erfassbarkeit von Marktsegmenten:** Die *Marktsegmentierung* geht davon aus, dass ausreichend segmentspezifische Informationen zur Verfügung stehen. Diese Grundvoraussetzungen sind zum Beispiel aufgrund des Datenschutzes jedoch nicht bei allen *Märkten* gegeben. (Freter, 2008, S. 437).

3. **Eingeschränkte Marktbearbeitung:** Die *Markbearbeitung* kann aufgrund von rechtlichen Regelungen in *Märkten* eingeschränkt sein. Im Rahmen der Kommunikationspolitik ist es zum Beispiel nach dem Tabakgesetz in Deutschland verboten Werbung für Tabak im Fernsehen oder Hörfunk durchzuführen (Freter, 2008, S. 443).

4. **Problem der optimalen Marktsegmentierung:** Die Bestimmung der optimalen Marktsegmentierung verlangt aufgrund der gegenseitigen Abhängigkeit zwischen *Markterfassung* und *Marktbearbeitung* nach einem integrierten Konzept. Zum einen lässt sich die optimale Anzahl an Marktsegmenten nicht unabhängig von dem zur Verfügung stehenden *Marketing-Mix* ableiten. Zum anderen kann ein *segmentspezifischer Marketing-Mix* nicht ohne die zuvor bekannten Segmente festgelegt werden. Die bisher verfolgten integrierten Konzepte stellen jedoch lediglich formale Lösungen dar, deren praktische Einsatzmöglichkeit bisher sehr eingeschränkt ist (Meffert et al., 2007, S. 211) (Abbildung A.5).

---

[2]Kannibalisierungseffekte sind Substitutionseffekte, die auftreten, wenn Kunden von einem Produkt zu einem anderen Produkt desselben Unternehmens wechseln (Meffert et al., 2007, S. 464)

Kapitel 3

Marktsegmentierung

3.1 Rolle in der Unternehmensgründung

Zu Beginn wird die Rolle der *Marktsegmentierung* in die *Unternehmensgründung* eingeordnet, bevor in den darauffolgenden Abschnitten zwei *Marktsegmentierungs*-Ansätze in der Fallstudie *LernIT GmbH* durchgeführt und bewertet werden (Abbildung 3.1):

Abbildung 3.1: Rolle in der Unternehmensgründung (eigene Darstellung)

1. **Entwicklung einer Geschäftsidee:** Der erste Schritt einer jeden Existenzgründung ist die Entwicklung einer *Geschäftsidee* (Clasen et al., 2008, S. 13).

2. **Markt- und Wettbewerbsanalyse:** Nach der Bestimmung der *Geschäftsidee* erfolgt deren ökonomischen Überprüfung im Rahmen einer *Markt-* und *Wettbewerbsanalyse* (Clasen et al., 2008, S. 36).

3. **Wahl der Rechtsform:** Nach einer positiven Analyse des *Marktes* und *Wettbewerbs*, wird im dritten Schritt die Rechtsform der zukünftigen Unternehmung festgelegt (Clasen et al., 2008, S. 56).

4. **Geschäftsmodell und Finanzierung:** Im letzten Schritt wird das *Geschäftsmodell* entwickelt und eine geeignete *Finanzierung* bestimmt (Clasen et al., 2008, S. 5).

In diesem Kontext ist die *Marktsegmentierung* sowohl ein Element der *Markt-* als auch der *Wettbewerbsanalyse*. Sie beinhaltet sowohl die *Markterfassung* als Komponente des *strategischen Marketings* als auch den *Marketing-Mix* des *operativen Marketings*.

3.2 Überblick - Fallstudie LernIT GmbH

Im Folgenden werden die für die Fallstudie *LernIT GmbH* benötigten Informationen aus verschiedenen Sichtweisen beschrieben, die in Abbildung B.1 zusammengefasst sind:

1. **Vision, Ziele und Strategie:** Die Unternehmensgründung *LernIT GmbH* möchte erstklassige Schulung für *Automobil-Zulieferer* zu fairen Preisen anbieten.

2. **Ausbildung und Berufserfahrung:** Die beiden potentiellen Firmengründer haben berufsbegleitend studiert und besitzen erste Führungserfahrungen im Vertrieb, sowie im Bereich der technischen Entwicklung eines Maschinenbauers.

3. **Produkt-Portfolio:** Das Portfolio soll zum einen aus unabhängiger *Softwareberatung* sowie aus *Inhouse-Schulungen*[1] für *Standardsoftware*[2] für die Bereiche *CAD*[3], *PLM*[4] und *SCM*[5] für mittelständische Unternehmen[6] bestehen.

4. **Organisation:** Die Besitzer der *LernIT GmbH* sind Herr Schneider und Herr Müller.

---

[1] Inhouse-Schulungen sind firmeninterne Schulungen, die auf bestimmte Bedürfnisse ausgerichtet werden.
[2] Standardsoftware sind vorgefertigte Programmpakete, die einen klar definierten Anwendungsbereich unterstützen und als fertige Produkte auf dem Markt erworben werden können (Vaher, 2004).
[3] Computer-Aided Design (CAD)
[4] Product Lifecycle Management (PLM)
[5] Supply Chain Management (SCM)
[6] Mittelständische Betriebe sind Unternehmen, die zwischen 50 und 250 Personen beschäftigen, sowie entweder einen Jahresumsatz von höchstens 50 Mio. Euro erzielen oder eine Jahresbilanzsumme von höchstens 43 Mio. Euro aufweisen (Kommission der europäischen Gemeinschaft, 2003)

3.3 Konzepte der Marktsegmentierung

3.3.1 Allgemeine Vorgehensweise der Marktsegmentierung

Im Allgemeinen besteht der Ablauf einer *Marktsegmentierung* unabhängig von den verwendeten *Kriterien* oder *Methoden* immer aus den drei folgenden Schritten: *Datenerhebung*, *Analyse* und *Profilerstellung* (Abbildung 3.2):

Abbildung 3.2: Vorgehensweise der Marktsegmentierung (McDonald & Dunbar, 2004)

3.3.2 Überblick über die Konzepte der Marktsegmentierung

Auf dieser Basis wurden für die *LernIT GmbH* zwei unterschiedliche Konzepte der *Marktsegmentierung* für *Inhouse-Schulungen* für den *Markt* der mittelständischen Unternehmen realisiert, die im Folgenden skizziert werden (Abbildung 3.3):

LernIT GMBH – ANSÄTZE DER MARKTSEGMENTIERUNG		
KRITERIUM	**KONZEPT I**	**KONZEPT II**
❑ UNTERNEHMENSGRÖSSE	MITTELSTAND	MITTELSTAND
❑ GEOGRAFISCHE LAGE	WELTWEIT	SÜDDEUTSCHLAND
❑ BRANCHE	AUTOMOBILZULIEFERER	BRANCHENÜBERGREIFEND
❑ SCHULUNGS-LEISTUNGEN	CAD PLM SCM	SAP
METHODE	CLUSTERANALYSE	CHECKLISTENVERFAHREN

Abbildung 3.3: LernIT GmbH - Marktsegmentierungs-Konzepte (eigene Darstellung)

1. **Konzept I: Globaler Schulungs-Dienstleister für Automobil-Zulieferer**

   Das erste Konzept der *Marktsegmentierung* zielt auf ein globales Kundenspektrum ab. Der Fokus richtet sich auf mittelständische Automobilzulieferer, die *Inhouse-Schulungen* in den Bereichen *CAD*, *PLM* und *SCM* nachfragen. Die *Markterfassung* und *Marktbearbeitung* bei diesem Lösungsvorschlag besteht aus den Komponenten:

- **Markterfassung:** Für die Unterteilung des *Marktes* in *Marktsegmente* wurden *Abgrenzungskriterien* für den Investitionsgütermarkt verwendet (Abbildung 2.3). Als *Methode* wurde die *Clusteranalyse* ausgewählt (Abbildung A.4).

- **Marktbearbeitung:** Im Rahmen der *Marktbearbeitung* wurden aus dem *Markt* das Zielsegment *mittelständische Automobilzulieferer* ausgewählt.

2. **Konzept II: Regionaler Schulungs-Dienstleister für KMU[7]** Das zweite Konzept der *Marktsegmentierung* sieht für die *LernIT GmbH* einen regionalen Kundenkreis im süddeutschen Raum vor. Es sollen in diesem Zusammenhang für die mittelständischen Betriebe *SAP*-Schulungen vor Ort angeboten werden.

- **Markterfassung:** Für die Unterteilung des *Marktes* in *Marktsegmente* wurden dieselben *Abgrenzungskriterien* wie für das erste Konzept angewendet. Im Gegensatz dazu wurden die *Marktsegmente* mithilfe des *Checklistenverfahrens* ermittelt (Abbildung A.4.

- **Marktbearbeitung:** Im zweiten Konzept fokussiert sich die *LernIT GmbH* als *Zielgruppe* auf die *KMUs* im süddeutschen Raum.

3.4 Mehrdimensionale Bewertung der Konzepte

In diesem Abschnitt werden die beiden Konzepte hinsichtlich ihrer Anwendbarkeit für die *LernIT GmbH* mithilfe einer *Nutzwertanalyse*[8] bewertet. Die *Nutzwertanalyse* wird angelehnt an Zangemeister (1976) in folgenden Schritten durchgeführt (Abbildung 3.4).

Abbildung 3.4: Ablauf einer Nutzwertanalyse (eigene Darstellung)

---

[7]Kleine und mittlere Unternehmen (KMU)
[8]Die Nutzwertanalyse (NWA) ist die Analyse komplexer Handlungsalternativen mit dem Ziel die Alternativen entsprechend der Präferenzen des Entscheidungsträgers in einem multidimensionalen Zielsystem zu ordnen. Das Ergebnis sind die Nutzwerte der jeweiligen Alternative (Zangemeister, 1976, S. 45).

3.4.1 Schritt 1: Festlegung der Zielkriterien

Im ersten Schritt der Nutzwertanalyse werden die *Zielkriterien* für die *Marktsegmentierungs*-Konzepte aus Sicht der *LernIT GmbH* zusammengestellt (Abbildung 3.5). Es soll dabei generell beachtet werden, dass die *Zielkriterien* zum einen möglichst messbar und zum anderen keine Überschneidungen aufweisen (Schulte, 2001, S. 235).

SCHRITT I: ZIELKRITERIEN FESTLEGEN		
NR.	**ZIELKRITERIUM**	**ERLÄUTERUNG**
K1	☐ HÖHE DER EINTRITTSBARRIEREN	Die Eintrittsbarrieren sollen aus Sicht des potenziellen Anbieters – *LernIT GmbH* so gering wie möglich sein. Je geringer die Eintrittsbarrieren umso attraktiver ist das Segment.
K2	☐ KOSTEN DER MARKT-SEGMENTBEARBEITUNG	Die Kosten für eine effiziente Marktsegmentbearbeitung darf sich maximal auf dem dafür vorgesehenen Budget von *100.0000 EUR* für das erste Jahr belaufen. Je geringer umso besser.
K3	☐ WACHSTUMSPOTENZIAL DES MARKTSEGMENTS	Das Marktsegment soll ein *prognostiziertes Wachstum* von mindestens *10 Prozent* pro Jahr erreichen. Je höher das Marktwachstum umso besser.
K4	☐ KONKURRENZ IM MARKTSEGMENT	Das Segment darf nicht von mehr als fünf Konkurrenten besetzt sein, sodass ein überlebensnotwendiger Marktanteil von mindestens 10 Prozent im ersten Jahr erreicht werden kann. Je geringer die Konkurrenz umso besser.
K5	☐ KOSTEN-NUTZEN-VERHÄLTNIS DER MARKT-ERFASSUNG	Das Ergebnis der *Marterfassung* muss glaubwürdige Ergebnisse liefern. Zum anderen darf die Marterfassung das dafür vorgesehene Budget von maximal *10.000 EUR* nicht überschreiten. Je besser das Kosten-Nutzenverhältnis umso höher die Bewertung.

Abbildung 3.5: Festlegung der Zielkriterien (eigene Darstellung)

3.4.2 Schritt 2: Gewichtung der Zielkriterien

Den einzelnen *Zielkriterien* wird in der Regel nicht die gleiche Bedeutung beigemessen (Schulte, 2001, S. 239). Aus diesem Grund werden in einem zweiten Schritt im Rahmen eines einfachen *Paarvergleichs* mit anschließender Berechnung der *Transitiv-* und *Reziprokwerte* die Prioritäten der *Zielkriterien* ermittelt (Abbildung 3.6).

SCHRITT II: ZIELKRITERIEN GEWICHTEN							
KRITERIUM	**K1**	**K2**	**K3**	**K4**	**K5**	$\sum^K$	**%**
K1	1	2	2	6	12	**23**	**44%**
K2	1/2	1	1	3	6	**11,5**	**22%**
K3	1/2	1	1	3	6	**11,5**	**22%**
K4	1/6	1/3	1/3	1	2	**3,833**	**7%**
K5	1/12	1/6	1/6	1/2	1	**1,9166**	**5%**
					SUMME	**51,75**	**100%**

Abbildung 3.6: Gewichtung der Zielkriterien (eigene Darstellung)

3.4.3 Schritt 3: Bewertung der Alternativen

Nach der Priorisierung der *Zielkriterien* wird am Anfang des dritten Schritts die *Bewertungsskala* festgelegt. Bei der *LernIT GmbH* sind zwei Alternativen zu bewerten wodurch eine Skala von eins bis fünf als ausreichend erscheint. Daran anschließend werden die Alternativen anhand der zuvor festgelegten *Zielkriterien* bewertet (Abbildung 3.7).

3.4.4 Schritt 4: Berechnung der Nutzwerte

Im vierten Schritt werden die *Nutzwerte* der beiden *Marktsegmentierungs*-Konzepte ermittelt. Die *Nutzwerte* sind die Summen der jeweiligen *Teilnutzwerte* (Abbildung 3.7).

SCHRITT III: NUTZWERTE BERECHNEN					
ALTERNATIVEN		**KONZEPT I**		**KONZEPT II**	
KRITERIUM	**FAKTOR IN %**	ZIEL-ERFÜLLUNG	TEIL-NUTZWERT	ZIEL-ERFÜLLUNG	TEIL-NUTZWERT
K1	44	4	176	3	132
K2	22	4	88	5	110
K3	22	5	110	1	22
K4	7	4	28	1	7
K5	5	4	20	1	5
MAX. 500	**NUTZWERT**		**442**		**276**

Abbildung 3.7: Berechnung der Nutzwerte (eigene Darstellung)

3.4.5 Schritt 5: Beurteilung der Ergebnisse

Im fünften Schritt werden die zur Beurteilung benötigte *Diskriminanz* und *Akzeptanz* berechnet (Abbildung C.1 und C.2) und die Ergebnisse bewertet (Abbildung C.3).

Im Rahmen der Nutzwertanalyse ist das erste Konzept der *Marktsegmentierung* für die *LernIT GmbH* das geeignetere von beiden Alternativen (Abbildung C.4). Das *Marktsegmentierungs*-Konzept erreicht im Gegensatz zur zweiten Alternative eine *Akzeptanz* von 88,40%. Die hohe *Diskriminanz* von 37,50% weist auf ein stabiles Ergebnis hin, wodurch eine Änderung der *Zielkriterien*-Gewichtung in Form einer *Sensitivitätsanalyse* als unnötig erachtet wird.

3.5 Empfohlener Marketing-Mix für die LernIT GmbH

Der segmentspezifische *Marketing-Mix* wird für das globale Kundenspektrum *mittelständischer Automobilzulieferer* im Folgenden beschrieben (Abbildung 3.8).

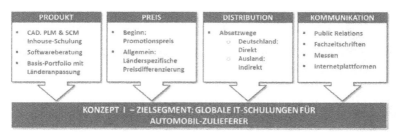

Abbildung 3.8: Empfohlener Marketing-Mix für die LernIT GmbH (eigene Darstellung)

- **Produktpolitik:** Aufgrund des globalen *Zielsegments* wird für *Inhouse-Schulungen* eine *Produktspezialisierung* der jeweiligen *Weltmarktführer* aus den Bereichen *CAD*, *PLM* und *SCM* empfohlen. Um das Unternehmen vom Wettbewerb abzuheben, sollte zudem das *Schulungsmaterial* an den jeweiligen Kunden angepasst werden.

- **Preispolitik:** Um eine schnelle *Marktdurchdringung* in den Ländermärkten zu erreichen, wird zu Beginn des jeweiligen Markteintritts eine *Promotionspreisstrategie* vorgeschlagen. Zum anderen wird eine generelle *Preisdifferenzierung* der Beratungs- und Schulungsdienstleistungen empfohlen, um die Kaufkraft der jeweiligen *Automobilzuliefer-Industrie* entsprechend zu berücksichtigen.

- **Distributionspolitik:** Die *Beratung* und *Inhouse-Schulung* kann in *Deutschland* von der *LernIT GmbH* selbst durchgeführt werden. Im Rahmen der langfristig geplanten weltweiten *Wachstumsstrategie* wird empfohlen, sich mit lokalen *Kooperations-Partnern* zusammenzuschließen. Die *LernIT GmbH* stellt dabei das Schulungsmaterial zur Verfügung, während der jeweilige lokale Partner die Schulungen durchführt.

- **Kommunikationspolitik:** Um einen hohen *Wiedererkennungswert* zu gewährleisten, wird eine einheitliche *Corporate Identity* empfohlen. Das *Schulungsmaterial* sowie die *Schulung* selbst kann trotz unterschiedlicher Sprachen in einem einheitlichen *Layout* und *Aufbau* gestaltet werden. Letztendlich soll die Marke *LernIT GmbH* als qualitativ hochwertiger Schulungsdienstleister mit fairen Preisen etabliert werden. Diese *Kernkompetenz* soll zu Beginn auf *Messen*, *Internetplattformen* und *Fachzeitschriften* des *Automobilbereichs* in Deutschland kommuniziert werden (Bilen, 2011).

Kapitel 4

Diskussion

Im diesem Abschnitt werden die Vorteile sowie methodischen Probleme der *Nutzwertanalyse* zur Auswahl eines *Marktsegmentierungs*-Konzepts diskutiert und die eigene Vorgehensweise selbst in Frage gestellt.

4.1 Vorteile der eigenen Vorgehensweise

1. **Transparenz und Nachvollziehbarkeit von Entscheidungen:** Die zur Auswahl der *Marktsegmentierungs*-Konzepte eingesetzte *Nutzwertanalyse* gibt weder *Zielkriterien* noch deren *Gewichtung* vor. Das *Verfahren* verlangt vom Benutzer sich mit der Auswahl der *Zielkriterien* und deren *Gewichtung* auseinanderzusetzen. Dies führt zum einen dazu, dass *intuitive Entscheidungen* durch *systematische Entscheidungen* ersetzt werden. Zum anderen ist das Ergebnis für dritte Personen leichter nachvollziehbar, transparent und grafisch leicht erfassbar.

2. **Konzentration auf wichtige Entscheidungsfaktoren:** Die *Nutzwertanalyse* verlangt vom Entscheidungsträger sich auf die für ihn wichtigen Faktoren zu konzentrieren. Dieser Teilschritt soll dem Benutzer Klarheit darüber verschaffen von welchen Kriterien er seine Alternativenauswahl letztendlich abhängig machen möchte.

3. **Berücksichtigung von Präferenzen:** Den einzelnen Zielkriterien wird in der Regel nicht die gleiche Bedeutung beigemessen (Schulte, 2001, S. 239). Die *Nutzwertanalyse* berücksichtigt die Präferenzen des Entscheidungsträgers, indem die *Zielkriterien* unterschiedlich gewichtet werden.

4. **Systematisches Vorgehen:** Der Entscheider wird zu einer strukturierten Problemlösung gezwungen, indem die Alternativen anhand festgelegter *Zielkriterien* direkt miteinander verglichen werden. Darüber hinaus muss sich der Nutzer im letzten Schritt der *Nutzwertanalyse* im Rahmen einer *Sensitivitätsanalyse* selbst mit der Stabilität des Ergebnisses auseinandersetzen (Schulte, 2001, S. 244).

5. **Differenzierte Sichtweisen:** Die Alternativen werden von verschiedenen Sichtweisen bewertet sowie durch Gewichtungen präferenziert. Dies führt zu einer differenzierten Bewertung. Darüber hinaus wird der *Zielerfüllungsgrad* der letztendlich besten Alternative mithilfe der *Akzeptanz* berechnet und der Abstand zur nächsten Lösung mithilfe der *Diskriminanz* ermittelt.

4.2 Methodische Probleme der eigenen Vorgehensweise

1. **Subjektives Ergebnis:** Die *Nutzwertanalyse* ist keine geschlossene Entscheidungsrechung, die zu einem objektiven Ergebnis führt (Schulte, 2001, S. 244). Folglich sind die in der Fallstudie ermittelten Ergebnisse rein subjektive Werte, die durch die individuelle Nutzenfunktion des Entscheiders bestimmt wurden. Deshalb ist es nicht auszuschließen, dass bei mehrmaliger Durchführung einer *Nutzwertanalyse* vom selben Entscheidungsträger jeweils zu unterschiedlichen Ergebnissen führen.

2. **Personenabhängige Skalenauswahl:** Die Skaleneinteilung der *Gewichtungen* und der *Zielerfüllungsfaktoren* erfolgt ebenfalls durch den Entscheidungsträger. Eine objektiv angemessene Überprüfung der *Skalenauswahl* ist bei diesem Verfahren nicht vorgesehen (Schulte, 2001, S. 244).

3. **Begrenzte Auswahl an Alternativen:** In der Fallstudie wurden zwei Konzepte der *Marktsegmentierung* im Rahmen einer *Nutzwertanalyse* für das Unternehmen *LernIT GmbH* gegenübergestellt. Aufgrund dieser Vorgehensweise konnten nicht alle möglichen Alternativen untersucht werden. Dieser Nachteil hätte vermieden werden können, indem zu Beginn der *Nutzwertanalyse* eine *K.O.-Auswahl* der möglichen Alternativen durchgeführt worden wäre.

4. **Ganzheitlicher Aspekt:** Im Rahmen der *Nutzwertanalyse* werden *Lösungsalternativen* immer nur aus begrenzten Sichtweisen bewertet. Das Zusammenspiel zwischen den einzelnen *Bewertungskriterien* wird dabei nicht mit berücksichtigt.

5. **Wissenschaftlicher Aspekt:** Die *Nutzwertanalyse* liefert subjektive Ergebnisse, die zwar nachvollziehbar aber nicht nachprüfbar oder beweisbar sind (Schulte, 2001).

Letztendlich führte die angewendete *Nutzwertanalyse* zur Wahl des ersten *Marktsegmentierungs*-Konzepts, das mit einem *Nutzwert* von 442 Punkten und einer *Akzeptanz* von *88,40%* als nachvollziehbar erscheint. Die Nachteile der *Nutzwertanalyse* wie die fehlende *Nachprüfbarkeit* des Ergebnisses können jedoch vermieden werden, indem sie durch aufwendigere Methoden wie das *AHP[1]-Verfahren* ersetzt wird (Saaty, 1980).

---

[1] Analytical Hierarchy Process (AHP)

Kapitel 5

Zusammenfassung und Ausblick

Die *Marktsegmentierung* ist in dem wettbewerbsintensiven IT-Markt ein unverzichtbares Instrument um Kundenbedürfnisse zu erkennen und mithilfe eines zielgruppenspezifischen *Marketing-Mix* zu befriedigen. Um die Wichtigkeit der *Marktsegmentierung* zu verdeutlichen wurde zu Beginn im Kapitel 3.1 dessen Rolle in der Unternehmensgründung eingeordnet. Daran anschließend wurde im Abschnitt 3.3 exemplarisch für die Fallstudie *LernIT GmbH* zwei Konzepte der *Marktsegmentierung* erarbeitet, die im darauffolgenden Abschnitt 3.4 im Rahmen einer *Nutzwertanalyse* gegenübergestellt wurden. Dabei wurde deutlich, dass das erste *Marktsegmentierungs*-Konzept mit einer *Akzeptanz* von 88,40% und einem Kundenspektrum aus *mittelständischen Automobilzulieferer* am geeignetsten für das *Leistungsprofil* der *LernIT GmbH* erscheint. Aus diesem Grund wurde für diese *Zielgruppe* im Abschnitt 3.5 ein *Marketing-Mix* erarbeitet. Der empfohlene *Marketing-Mix* sieht dabei *Inhouse-Schulungen* für die Bereiche *CAD*, *PLM* und *SCM* vor.

Nachdem im vorherigen Kapitel ein *Marketing-Konzept* für die *LernIT GmbH* erarbeitet wurde, wurde im Kapitel 4 das eigene Vorgehen selbst kritisch in Frage gestellt. Die Auswahl eines Konzepts der *Marktsegmentierung* für die *LernIT GmbH* mithilfe einer *Nutzwertanalyse* führte zu einem nachvollziehbaren und transparenten Ergebnis. Trotzdem dürfen die methodischen Probleme der *Nutzwertanalyse* nicht außer Acht gelassen werden. Die Ergebnisse der *Nutzwertanalyse* sind rein subjektiv durch die individuelle Nutzenfunktion des Entscheiders bestimmt. Daneben ist das Fehlen eines *ganzheitlichen Aspekts* sowie die nicht vorhandene *Nachprüfbarkeit* des Ergebnisses zu nennen. Durch andere Methoden wie dem *AHP-Verfahren* kann dies teilweise vermieden werden. Letztendlich leistet die *Marktsegmentierung* unter Berücksichtigung ihrer Nachteile einen entscheidenden Beitrag für Unternehmen das passende *Kundensegment* zu identifizieren und angemessen zu befriedigen oder wie es der Autor Werner Pepels zusammenfasst:

„Marktsegmentierung hilft Erfolgsnischen zu finden und zu besetzen."

(Pepels , 2007, S. 2)

Literaturverzeichnis

[1]   AMA, T. (2007). *Definition of Marketing*, abgerufen am 27. August 2011, http://www.marketingpower.com/Community/ARC/Pages/Additional/ Definition/default.aspx.

[2]   Bacher, J., Pöge, A. & Wenzig, K. (2010). *Clusteranalyse: Anwendungsorientierte Einführung in Klassifikationsverfahren*, (3. Auflage). München, Deutschland: Oldenbourg Verlag.

[3]   Benkenstein, M. (2001). *Entscheidungsorientiertes Marketing: eine Einführung* (1. Auflage). Wiesbaden, Deutschland: Gabler Verlag.

[4]   Bilen, S. (2011). Konzentration auf den Kern. *Harvard Business Manager, (1)*, 86-87. München: Deutschland: Redline Verlag.

[5]   Clasen, M. & Strecker, S. (2008). *Existenzgründung im IT-Bereich*, Lerneinheit 1 (1. Auflage). Stuttgart, Deutschland: Cornelson Verlag.

[6]   Freter, M. (2008). *Markt- und Kundensegmentierung: Kundenorientierte Markterfassung und-bearbeitung* (2. Auflage). Stuttgart, Deutschland: Kohlhammer Verlag.

[7]   Green, P. E., & Srinivasan, V. (1978). Conjoint Analysis in Consumer Research. Issues and Outlook. *Journal of Consumer Research, 5,* 103-123.

[8]   Hofbauer, G. (2007). *Zielgruppenspezifische Marktbearbeitung*, abgerufen am 21. August 2011, www.bw.fh-deggendorf.de/kurse/pers/skripten/skript12. pdf. Düsseldorf, Deutschland: Symposion Verlag.

[9]   Kommission der europäischen Gemeinschaft (2003). *Definition der Kleinstunternehmen sowie der kleinen und mittleren Unternehmen*, abgerufen am 3. September 2011, http://europa.eu/legislation_summaries/enterprise/business_ environment/n26026_de.htm.

[10]   Kotler, P., & Keller, K. L. (2005). *Marketing Management* (12. Auflage). Upper Saddle River, NJ: Pearson Education.

[11]   Kreutzer, R. (1990). *Global Marketing - Konzeption eines länderübergreifenden Marketing*, (1. Auflage). Wiesbaden, Deutschland: Deutscher Universitäts Verlag.

[12]   McDonald, M., & Dunbar, I. (2004). *Market Segmentation*, (3. Auflage). Oxford, Vereinigtes Königreich: Elsevier Verlag.

[13]   Meffert, H., Burmann, C., & Kirchgeorg, M. (2007). *Marketing: Grundlagen marktorientierter Unternehmensführung* (10. Auflage). Wiesbaden, Germany: Gabler Verlag.

[14]   Pepels, W. (2006). *Strategisches Marketing: Marketing Grundlagen, Lerneinheit 1* (1. Auflage). Stuttgart, Deutschland: Cornelson Verlag.

[15]   Pepels, W. (2007). *Marktsegmentierung: Erfolgsnischen finden und besetzen* (2. Auflage). Düsseldorf, Deutschland: Symposion Verlag.

[16]   Quinn, L. (2009). Market segmentation in managerial practice: a qualitative examination. *Journal of Marketing Management, 25*, 253-272.

[17]   Recklies, D. (2001). *Marktsegmentierung*, abgerufen am 2. September 2011, http://www.themanagement.de/Ressources/Marktsegmentierung.htm.

[18]   Saaty, T. (1980). *The Analytic Hierarchy Process*. New York, NY: McGraw-Hill Verlag.

[19]   Saliger, E. (2003). *Betriebswirtschaftliche Entscheidungstheorien*, (5. Auflage). München, Deutschland: Oldenbourg Verlag.

[20]   Scheer, B. (2008). *Nutzenbasierte Marktsegmentierung: Eine kaufprozessorientierte empirische Untersuchung zur Wirkungsmessung von Marketing-Aktivitäten* (1. Auflage). Wiesbaden, Deutschland: Gabler Verlag.

[21]   Schulte, G. (2001). *Material- und Logistikmanagement*, (2. Auflage). München, Deutschland: Oldenbourg Verlag.

[22]   Smith, W. (1956). Product differentiation and market segmentation as alternative marketing strategies. *Journal of Marketing, 21* (1), 3-8.

[23]   Stahr, G. (1993). *Internationales Marketing*, (2. Auflage). Ludwigshafen, Deutschland: Kiel Verlag.

[24]   Vaher, L. (2004). *Potentiale und Risiken von Standard- und Individualsoftware*, abgerufen am 3. September 2011, http://www.iwi.uni-hannover.de/lv/seminar_ws03_04/www/Vaher/Homepage/grundlagen.htm.

[25]   Wittmann, R. G., Reuter, M. & Magerl, R. (2007). *Unternehmensstrategie und Businessplan* (2. Auflage). München: Deutschland: Redline Verlag.

[26]   Wolff, T. (2007). *IT im Mittelstand - die unbekannte Größe*, abgerufen am 19. August 2011, `http://www.computerwoche.de/mittelstand/1876279/index.html`.

[27]   Zangemeister, C. (1976). *Nutzwertanalyse in der Systemtechnik: Eine Methodik zur multidimensionalen Bewertung und Auswahl von Projektalternativen*, (4. Auflage). Berlin, Deutschland: Wittemann Verlag.

Anhang A

Marketing-Konzept

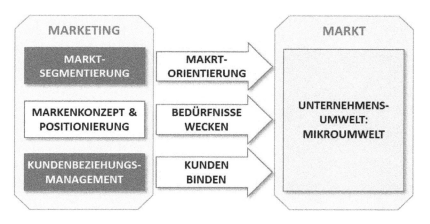

Abbildung A.1: Die drei Säulen des Marketings (eigene Darstellung)

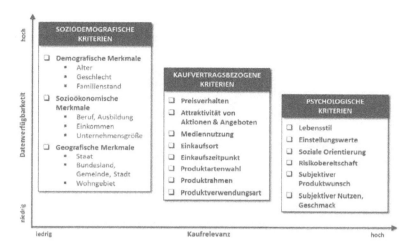

Abbildung A.2: Bewertung von Segmentierungskriterien (Pepels, 2006, S. 43)

Abbildung A.3: Anforderungen an Segmentierungskriterien (Meffert et al., 2007, S. 190)

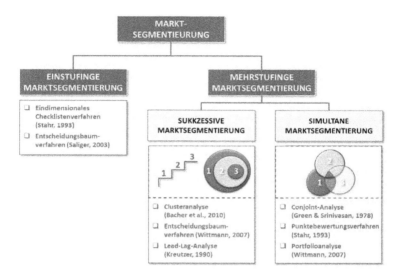

Abbildung A.4: Methoden der Marktsegmentierung (eigene Darstellung)

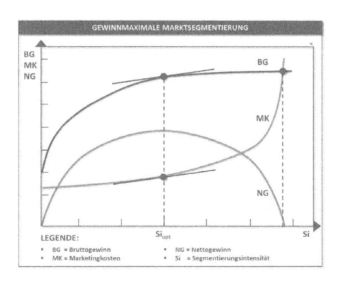

Abbildung A.5: Gewinnmaximale Segmentierung (Meffert et al., 2007, S. 211)

Anhang B

LernIT GmbH - Überblick

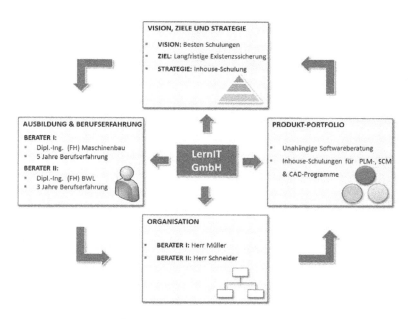

Abbildung B.1: Überblick über die LernIT GmbH (eigene Darstellung)

Anhang C

LernIT GmbH - Nutzwertanalyse

Abbildung C.1: Akzeptanz-Formel (Schulte, 2001)

Abbildung C.2: Diskriminanz-Formel (Schulte, 2001)

LernIT GmbH: ERGEBNISSE DER NUTZWERTANALYSE		
ALTERNATIVEN	KONZEPT I	KONZEPT II
GESAMTNUTZWERT:	442	276
AKZEPTANZWERT:	88,40 %	55,20 %
DISKRIMINANZ:	37,50 %	
PLATZIERUNG:	1. PLATZ	2. PLATZ

Abbildung C.3: Ergebnisse der Nutzwertanalyse (eigene Darstellung)

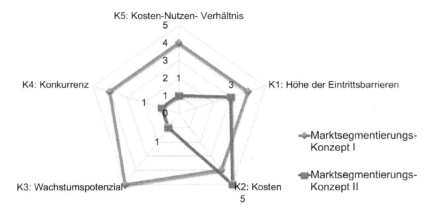

Abbildung C.4: Radardiagramm der Nutzwertanalyse (eigene Darstellung)